Rotfußröhrling

Wissenschaftlicher Name: *Xerocomus chrysenteron*
Merkmale: Hut 5–8 cm breit, konvex, jung dunkelbraun, bald graubraun und oft rissig werdend, an Fraßstellen und Rissen meist kirschrot verfärbend. Röhren blaßgelb, bei Druck meist nicht blauend. Stiel schlank, mit gelber Grundfarbe und oft kirschrot getönt, seltener reingelb. Fleisch gelb, manchmal im Anschnitt blau anlaufend, rasch faulend.

Vorkommen: In Laub- und Nadelwäldern, recht häufig.
Verwechslung: Mit dem Maronenröhrling.
Verwendung: Eßbar. Nur jung zum Braten und Dünsten geeignet, auch als Trockenpilz zu empfehlen; wird beim Kochen allerdings leicht schleimig; ausgewachsene Exemplare sind geschmacklos und faulen rasch.

Satanspilz

Wissenschaftlicher Name: *Boletus satanas*
Merkmale: Hut bis über 20 cm breit, dick halbkugelig bis polsterförmig, weißgrau, alt bräunend. Röhren im Anschnitt gelb und etwas blauend, an den Poren orange- oder karminrot. Stiel derbkeulig, oben gelb mit feiner Netzzeichnung, in der Mitte meist karminrot. Fleisch weiß, im Anschnitt schwach blauend, zunächst geruchlos, alt unangenehm aasartig stinkend.

Vorkommen: In Buchen- oder Eichenwäldern, auf Kalkböden nur in warmen Gegenden, sehr selten.
Verwechslung: Mit ähnlich gefärbten Röhrlingen, unter denen aber keine empfehlenswerten Speisepilze sind.
Wichtig: Giftig! Verursacht, vor allem wenn er roh gegessen wird, tagelang anhaltende Verdauungsbeschwerden; ist nicht lebensgefährlich giftig.

Lieber Naturfreund und Pilzesammler

Pilze zählen im Spätsommer und Herbst zu den auffallenden Erscheinungen in unseren Wäldern. Für Pilzfreunde gibt es wohl kaum ein schöneres Freizeitvergnügen, als Pilze zu suchen. Neben schmackhaften Speisepilzen gibt es aber auch zahlreiche ungenießbare, mitunter sogar gefährlich giftige Arten, und mancher Sammler mußte seine Unkenntnis schon mit dem Leben bezahlen.
Um Sie vor einer Pilzvergiftung und ihren nicht selten schwerwiegenden Folgen zu bewahren, stellt Ihnen der *neue GU Kompaß Pilze* die häufigsten und besten Speisepilze sowie gefährliche Giftpilze vor. Mit Hilfe von 88 Naturfarbfotos – vom Autor selbst aufgenommen –, leicht verständlichen, kurzgefaßten Beschreibungstexten, farbigen Kennstreifen und Stempeln, mit denen die Giftpilze versehen sind, wird auch dem botanisch Ungeübten das Bestimmen und Unterscheiden der Pilze leicht gemacht.
Der *neue GU Kompaß Pilze* ist der ideale Begleiter für den Naturfreund und Pilzesammler. Er paßt in Hemd- und Hosentasche, hat einen strapazierfähigen Einband und ein nur geringes Gewicht.
Viel Freude und Erfolg beim Kennenlernen und Sammeln von Pilzen wünschen Ihnen Autor und GU Naturbuch-Redaktion.

Hinweis und Warnung

● Zur sicheren Bestimmung müssen Sie jedes einzelne der beschriebenen Erkennungsmerkmale und die dazugehörige Abbildung mit dem Pilz, den Sie gefunden haben, genau vergleichen. Stimmt auch nur ein Merkmal nicht überein, müssen Sie davon ausgehen, daß es sich bei Ihrem Fund nicht um den beschriebenen und abgebildeten Pilz handelt.

● Auch einen zweifelsfrei bestimmten Pilz sollten Sie erst dann zu Speisezwecken verwenden, wenn er Ihnen in all seinen unterschiedlichen Erscheinungsformen genau bekannt ist.

● Junge oder unterentwickelte Pilze, die Sie nicht zweifelsfrei bestimmen können, sollten Sie keinesfalls sammeln. Lassen Sie auch alte Pilze stehen, denn das Pilzeiweiß zersetzt sich sehr rasch.

● Denken Sie stets daran: Auch das beste Pilzbestimmungsbuch kann Sie nur dann vor Verwechslungen schützen, wenn Sie die Erkennungsmerkmale in Bild und Text auf das sorgfältigste mit Ihrem Fund vergleichen. Legen Sie bei geringstem Zweifel die gesammelten Pilze einem Pilzfachmann beziehungsweise einer Pilzberatungsstelle vor.

Foto Umschlagvorderseite: Steinpilz; Umschlagrückseite: Hexenring

Maronenröhrling

Wissenschaftlicher Name: *Xerocomus badius*
Merkmale: Hut bis 12 cm breit, konvex, kastanienbraun, feinsamtig, bei Regen schmierig. Röhren jung grau, dann gelbgrün, bei Druck grünblau verfärbend. Stiel ziemlich schlank und festfleischig, bräunlich marmoriert. Fleisch weiß, im Anschnitt langsam blau verfärbend.
Vorkommen: In Nadelwäldern, vor allem bei Kiefern und Fichten, häufig
Verwechslung: Im Jugendstadium mit dem ungenießbaren Gallenröhrling, sonst mit ähnlich gefärbten eßbaren Röhrlingen.
Verwendung: Eßbar. Besitzt ein kräftiges Aroma, eignet sich für alle Zubereitungsarten sowie getrocknet hervorragend als Würze für Suppen und Soßen; wird beim Kochen etwas schleimig.

Flockenstieliger Hexenröhrling

Wissenschaftlicher Name: *Boletus erythropus* (Bild oben)
Merkmale: Hut bis 15 cm breit, dick polsterförmig, dunkelbraun. Röhren gelb mit karminroten Poren. Stiel orangegelb, fein rotflockig. Fleisch gelb, im Anschnitt stark blauend.
Vorkommen: In Nadelwäldern, oft bei Heidelbeeren.
Verwechslung: Mit anderen rotporigen Röhrlingen – unter den braunhütigen sind keine Giftpilze.
Verwendung: Eßbar. Für alle Zubereitungsarten, mindestens 15 Minuten garen.
Ähnliche Art: Netzstieliger Hexenröhrling (*Boletus luridus;* Bild unten). Unterscheidet sich durch helleren Hut und dunkles Netz am Stiel.
Vorkommen: In Laubwäldern, häufig.
Verwendung: Eßbar. Gilt als Speisepilz; löst aber, zu kurz gekocht, mitunter Verdauungsbeschwerden aus.

Gallenröhrling

Wissenschaftlicher Name: *Tylopilus felleus*
Merkmale: Hut bis 10 cm breit, halbkugelig oder polsterförmig, mit matter oder etwas filziger brauner Oberseite. Röhren jung grau, dann blaßrosa. Stiel schlank, meist mit bauchig-knolligem Grund, hellbräunlich mit dunkler, grubiger Netzzeichnung. Fleisch weiß, nicht verfärbend, schmeckt sehr bitter.
Vorkommen: In Nadelwäldern, häufig.

Verwechslung: Mit dem wohlschmeckenden Steinpilz und dem ebenfalls eßbaren Maronenröhrling, deren Röhren später grüngelb und alt olivgrün werden.
Hinweis: Ungenießbar. Enthält geringe, unschädliche Mengen des Pilzgiftes Muscarin. Aufgrund seiner Bitterkeit verderben bereits kleinste Mengen jedes Gericht. In Zweifelsfällen hilft eine Geschmacksprobe des rohen Fleisches.

Steinpilz, Herrenpilz

Wissenschaftlicher Name: *Boletus edulis*
Merkmale: Hut bis 20 cm breit, halbkugelig oder polsterförmig gewölbt, mit hell bis dunkel rotbrauner, klebriger Oberhaut. Röhren jung grau, später gelb, alt olivgrün. Stiel derbkeulig, alt auch schlank, oben mit heller Netzzeichnung, darunter bräunlich marmoriert. Fleisch weiß, nicht verfärbend.
Vorkommen: In verschiedenen Formen in Laub- und Nadelwäldern, vor allem im Gebirge, durch übermäßiges Sammeln zunehmend seltener.
Verwechslung: Mit dem sehr bitteren Gallenröhrling, der sich durch dunkel genetzten Stiel und bald rosa werdende Röhrenschicht unterscheidet, weniger mit anderen braunhütigen eßbaren Röhrlingen.
Verwendung: Eßbar. Mild im Geschmack. Vorzüglicher Speisepilz für alle Zubereitungsarten, besonders gut zum Trocknen geeignet.

Birkenpilz

Wissenschaftlicher Name: *Leccinum scabrum*
Merkmale: Hut bis 12 cm breit, glatt und meist regelmäßig halbkugelig, graubraun oder mausgrau. Röhren jung grau, später graubraun, um den Stiel tief ausgebuchtet, sehr weich. Stiel lang und schlank, festfleischig, weißgrau und dicht mit hellgrauen bis schwärzlichen Schüppchen bedeckt. Fleisch weiß, im Hut bald sehr weich werdend, im Stielfuß manchmal etwas grünblau anlaufend.
Vorkommen: Nur unter Birken, meist häufig.
Verwechslung: Mit mehreren recht ähnlichen, ebenfalls eßbaren Rauhstielröhrlingen, die an den grauen bis schwarzen Stielschüppchen zu erkennen sind.
Verwendung: Eßbar. Zum Braten und Dünsten geeignet, wird beim Kochen schleimig; kein Trockenpilz.

Heide-Rotkappe

Wissenschaftlicher Name: *Leccinum testaceo-scabrum* (Bild oben)
Merkmale: Hut bis über 15 cm breit, orange- oder ziegelrot, festfleischig, Huthaut am Rand oft überstehend. Röhren grau, bei Druck dunkel fleckend, Stiel keulig oder schlank, weißlich mit dunkel kupferbraunen oder schwarzen Schüppchen. Fleisch weiß, im Anschnitt grünblau verfärbend.
Vorkommen: Unter Birken, gebietsweise häufig.
Verwechslung: Mit ähnlich gefärbten Rauhstielröhrlingen, die alle eßbar sind.
Verwendung: Eßbar. Zum Braten und Dünsten, wird aber schleimig und schwarz.
Ähnliche Art: Espen-Rotkappe (*Leccinum aurantiacum;* Bild unten). Unterscheidet sich durch heller orangebraunen Hut und das Vorkommen unter Zitterpappeln (Espen).
Verwendung: Eßbar.

Butterpilz

Wissenschaftlicher Name: *Suillus luteus* (Bild oben)
Merkmale: Hut bis 10 cm breit, gelb- bis schokoladenbraun und stark schleimig. Röhren blaßgelb, englöcherig. Stiel schlank, oben gelblich und fein punktiert, mit häutigem Ring, darunter violettgrau schleimig. Fleisch blaßgelb, weich und wäßrig.
Vorkommen: Nur unter Kiefern, mancherorts häufig.
Verwechslung: Mit anderen eßbaren Röhrlingen.
Verwendung: Nur als Mischpilz zu empfehlen, kein Trockenpilz. Huthaut und Stielschleim bereits beim Sammeln entfernen.
Ähnliche Art: Schmerling, Körnchenröhrling (*Suillus granulatus;* Bild unten). Unterscheidet sich durch heller braunen Hut und fein punktierten Stiel.
Vorkommen: Unter Kiefern, häufig.
Verwechslung: Mit anderen eßbaren Röhrlingen.
Verwendung: Wie Butterpilz.

Düsterer Röhrling

Wissenschaftlicher Name: *Porphyrellus pseudoscaber*
Merkmale: Hut bis 14 cm breit, halbkugelig, später breit konvex, dunkel braungrau bis tabakbraun. Röhren wie der Hut gefärbt, eng- oder weitlöcherig, alt nach unten gewölbt. Stiel ziemlich schlank, dunkel tabakbraun, glatt oder etwas längsmarmoriert. Fleisch weiß, im Anschnitt manchmal etwas blauend, unter der Huthaut mitunter auch rötend, geruchlos.

Vorkommen: Vorwiegend in Nadelwäldern des Berglandes, seltener auch im Laubwald, gebietsweise häufig.
Verwechslung: Allenfalls mit eßbaren dunkelhütigen Maronen- oder Rotfußröhrlingen, die aber gelbe oder grüngelbe Röhren besitzen.
Hinweis: Ungenießbar. Unangenehmer Geschmack, als Speisepilz daher nicht zu empfehlen.

Kuhmaul, Großer Gelbfuß

Wissenschaftlicher Name: *Gomphidus glutinosus*
Merkmale: Hut bis 10 cm breit, jung konvex, später flach, schmutzig grauviolett und stark schleimig, alt schwarz fleckend. Lamellen jung weiß, später von den Sporen zunehmend grau verfärbt, dick und entfernt stehend, weit am Stiel herablaufend. Stiel weiß, am Fuß gelb verfärbend, mit schwarz gefärbtem, schleimigem Überzug. Fleisch weiß, ziemlich weich und geruchlos, mild im Geschmack.
Vorkommen: In Laub- und Nadelwäldern, meist in kleineren Gruppen; ziemlich häufig.
Verwechslung: Nicht mit Giftpilzen.
Verwendung: Eßbar. Kann nach dem Entfernen des Schleimüberzugs auf Huthaut und Stiel als Mischpilz verwendet werden, hat keinen Eigengeschmack.

Kahler Krempling

Wissenschaftlicher Name: *Paxillus involutus*
Merkmale: Hut bis 15 cm breit, meist flach mit eingerolltem, filzigem Rand, alt trichterförmig, gelb- bis olivbraun, feucht schmierig. Lamellen holzgelb, bei Berührung dunkel rotbraun fleckend, dichtstehend und weit am Stiel herablaufend. Stiel wie der Hut gefärbt, bei Berührung braun fleckend, ziemlich schlank. Fleisch holzgelb, bei Druck fleckend, geruchlos.

Vorkommen: In Laub- und Nadelwäldern, auf dem Waldboden oder an Stümpfen, sehr häufig.
Verwechslung: Unverwechselbar.
Wichtig: Auch roh sehr giftig! Löst eine zunächst unbemerkte Abwehrreaktion (Antikörperbildung im Blut) aus, die dann aber schlagartig zu mitunter tödlichen Vergiftungen führen kann. Besonders gefährlicher Giftpilz, da gut abgekocht wohlschmeckend.

Karbolegerling

Wissenschaftlicher Name: *Agaricus xanthoderma*
Merkmale: Hut bis 10 cm breit, jung kugelig, später konvex, reinweiß, gelegentlich alt bräunend und schuppig werdend, bei Druck gelb verfärbend. Lamellen jung graurosa, zuletzt schwarz. Stiel weiß, meist schlank, am Fuß knollenartig verdickt, mit häutigem Ring. Fleisch weiß, in der Stielknolle beim Reiben chromgelb anlaufend, frisch fast geruchlos, riecht beim Kochen unangenehm nach Karbol.
Vorkommen: In Gruppen auf Wiesen und an Waldrändern, in Parks und Gärten.
Verwechslung: Mit eßbaren Egerlingen (Champignons), die sich aber in der Stielknolle nicht gelb verfärben und nicht nach Karbol riechen.
Wichtig: Giftig! Kurz nach dem Verzehr tritt heftiges Erbrechen auf; die Beschwerden klingen jedoch rasch wieder ab.

Wiesenegerling, Wiesenchampignon

Wissenschaftlicher Name: *Agaricus campester* (Bild oben)
Merkmale: Hut bis 10 cm breit, konvex bis flach, weiß und etwas seidig-schuppig. Lamellen anfangs graurosa, zuletzt fast schwarz, dichtstehend und am Stiel nicht angewachsen. Stiel kurz, beringt, niemals knollig. Fleisch weiß, im Anschnitt schwach rötend.
Vorkommen: Nur auf Wiesen, stellenweise häufig.
Verwechslung: Mit den sehr giftigen Knollenblätterpilzen und anderen Egerlingen, vor allem mit dem giftigen Karbolegerling.
Verwendung: Eßbar. Schmackhafter Speisepilz.
Ähnliche Art: Waldegerling, Waldchampignon (*Agaricus sylvaticus;* Bild unten). Unterscheidet sich durch braunen, schuppigen Hut und langsam rot anlaufendes Fleisch.
Vorkommen: Im Nadelwald.
Verwendung: Eßbar. Wie Wiesenegerling.

Anisegerling, Anischampignon

Wissenschaftlicher Name: *Agaricus abruptibulbus*
Merkmale: Hut bis 12 cm breit, jung kugelig, bald konvex, weißseidig, bei Berührung chromgelb flekkend. Lamellen jung purpurgrau, zuletzt schwarz. Stiel mit breitem, hängendem Ring, am Fuß mit einem kleinen Knollenansatz. Fleisch weiß, mit Anisgeruch.
Vorkommen: In Nadelwäldern, relativ häufig.
Verwechslung: Mit dem giftigen Karbolegerling; mit anderen eßbaren, nach Anis riechenden und gelb verfärbenden Egerlingen; außerdem mit den sehr giftigen Knollenblätterpilzen, die aber nicht gelb verfärben sowie weiße Lamellen und eine scheidenartige Hülle um die Stielknolle besitzen.
Verwendung: Eßbar. Süßlicher Eigengeschmack, deshalb besonders gut für Salate geeignet. Weist allerdings hohe Cadmiumkonzentration auf!

Kegelhütiger Knollenblätterpilz

Wissenschaftlicher Name: *Amanita verna*
Merkmale: Hut bis 10 cm breit, jung eichelförmig, später konvex, niemals flach, weiß, alt bräunlich verfärbend, schmierig. Lamellen weiß, dichtstehend. Stiel weiß, lang und schlank, mit weit oben ansitzendem, meist zerrissenem Ring, darunter weißflockig, mit einer im Boden vergrabenen und von einer häutigen Scheide umgebenen Knolle. Fleisch weiß, mit süßlichem, honigartigem Geruch.
Vorkommen: In Nadelwäldern, in manchen Jahren häufig.
Verwechslung: Mit weißhütigen Egerlingen (Champignons), vor allem mit dem eßbaren Anisegerling, die aber schon jung graue Lamellen und keine häutige Scheide besitzen.
Wichtig: Tödlich giftig! Bereits der Verzehr von 50 g Frischpilzen führt unmittelbar zum Tode.

Grüner Knollenblätterpilz

Wissenschaftlicher Name: *Amanita phalloides*
Merkmale: Hut bis über 10 cm breit, jung halbkugelig, dann konvex, zuletzt flach, meist olivgrün mit hellerem Rand, aber auch gelbgrün oder weiß. Lamellen weiß, dichtstehend. Stiel schlank, auf weißem Grund grünlich gebändert, mit weit oben ansitzendem, häutigem Ring, am Grund mit einer breiten, im Boden steckenden und von einer weißen Scheide umgebenen Knolle. Fleisch weiß, jung geruchlos, alt mit süßlichem, honigartigem Geruch.
Vorkommen: In Laub- und Nadelwäldern, meist unter Eichen, seltener unter Buchen.
Verwechslung: Mit anderen grünhütigen Blätterpilzen; helle Formen auch mit eßbaren Egerlingen (Champignons).
Wichtig: Tödlich giftig! Enthält das stark wirkende Gift Amanitin.

Zitronengelber Knollenblätterpilz

Wissenschaftlicher Name: *Amanita citrina*
Merkmale: Hut bis 8 cm breit, jung halbkugelig, später konvex bis flach, zitronengelb oder seltener fast weiß, klebrig, meist mit groben, fetzenartigen Hüllresten bedeckt. Lamellen weiß, dichtstehend, am Stiel nicht angewachsen. Stiel gelblichweiß, mit dauerhaftem, hängendem Ring, am Grund mit einer breiten, napfförmigen, aber nicht von schalenartigen Hüllresten umgebenen Knolle. Fleisch weiß, riecht intensiv nach rohen Kartoffeln.
Vorkommen: In Laub- und Nadelwäldern, häufig.
Verwechslung: Mit hellen Formen des eßbaren Perlpilzes, auch mit eßbaren Egerlingen (Champignons).
Hinweis: Absolut ungenießbar, jedoch nicht lebensgefährlich giftig wie die übrigen Knollenblätterpilze!

Fliegenpilz

Wissenschaftlicher Name: *Amanita muscaria*
Merkmale: Hut bis 15 cm breit, jung kugelig, dann konvex bis flach, auf roter oder orangefarbener Huthaut weiße, abwischbare Pusteln. Lamellen weiß, dichtstehend, am Stiel nicht angewachsen. Stiel weiß, beringt und mit einer breiten, am Rand flockigen Knolle. Fleisch weiß, unter der Huthaut gelb, geruchlos.
Vorkommen: In Nadelwäldern, vor allem in Fichtenanpflanzungen, ziemlich häufig.
Verwechslung: Der Hut sehr junger Fruchtkörper ist völlig von weißen Pusteln bedeckt – in diesem Zustand kann der Fliegenpilz mit eßbaren Stäublingen verwechselt werden.
Wichtig: Stark giftig! Enthält vor allem die rauschgiftähnlich wirkende Ibotensäure, daneben andere giftige Substanzen; kann schwere, in seltenen Fällen sogar tödliche Vergiftungen auslösen.

Grauer Wulstling

Wissenschaftlicher Name: *Amanita spissa*
Merkmale: Hut bis 12 cm breit, jung halbkugelig, später konvex bis flach, graubraun, mit abwischbaren, weißgrauen, oft unregelmäßig verteilten Pusteln bedeckt. Lamellen weiß, dichtstehend und am Stiel nicht angewachsen. Stiel weiß, mit breitem, kammartig gerieftem Ring und einer allmählich in den Stiel übergehenden, am Rand oft flockigen Knolle. Fleisch weiß, etwas bräunend, mit schwachem Rettichgeruch.
Vorkommen: Ab Frühsommer in Laub- und Nadelwäldern, häufig.
Verwechslung: Mit dem sehr giftigen Pantherpilz, der sich durch einen glatten, ungerieften Ring unterscheidet, und dem eßbaren Perlpilz, dessen Fleisch aber rötet. Deshalb genau bestimmen!
Verwendung: Eßbar. Jedoch geringwertiger Mischpilz.

Pantherpilz

Wissenschaftlicher Name: *Amanita pantherina*
Merkmale: Hut bis 10 cm breit, konvex, hell graubraun bis dunkel leberbraun, mit warzigen, reinweißen Pusteln, alt am Rand oft gerieft. Lamellen weiß, dichtstehend. Stiel weiß, mit schmalem, glattem, niemals gerieftem Ring, am Fuß mit stulpenförmig abgesetzter Knolle. Fleisch weiß, geruchlos, bei Druck nicht verfärbend.
Vorkommen: Gruppenweise in Laub- und Nadelwäldern, gebietsweise häufig.
Verwechslung: Mit dem eßbaren Grauen Wulstling und dem durch mehr rötliche Farben und rot anlaufendes Fleisch gekennzeichneten eßbaren Perlpilz, die beide einen gerieften Ring besitzen.
Wichtig: Stark giftig! Enthält die gleichen Giftstoffe wie der Fliegenpilz, wirkt aber heftiger und kann unter Umständen Todesfälle verursachen.

Perlpilz

Wissenschaftlicher Name: *Amanita rubescens*
Merkmale: Hut bis 15 cm breit, jung halbkugelig, bald konvex, alt auch flach, fleischrot, manchmal auch mit gelben, grauen oder olivfarbenen Tönen, mit graurötlichen, abwischbaren Pusteln; im Aussehen sehr veränderlich. Lamellen weiß, dichtstehend, alt etwas rötend. Stiel weiß, mit breitem, kammartig gerieftem Ring, darunter feinflokkig, alt rötend. Fleisch weiß, beim Reiben und in Madenfraßgängen rötend, geruchlos, mild im Geschmack.
Vorkommen: Gesellig in Laub- und Nadelwäldern, häufig.
Verwechslung: Mit dem sehr giftigen Pantherpilz, der aber nicht rötet und einen glatten, nicht gerieften Ring besitzt.
Verwendung: Eßbar. Ausgezeichneter Speisepilz, der sich für alle Zubereitungsarten eignet, weniger zum Trocknen.

Rotbrauner Scheidenstreifling

Wissenschaftlicher Name: *Amanita fulva*
Merkmale: Hut bis 10 cm breit, jung eiförmig, bald konvex, alt flach, rot- oder gelbbraun, am Rand immer grob kammartig gerieft, selten mit weißen oder rotbraunen Hüllresten. Lamellen weiß, dichtstehend. Stiel weiß, schlank, innen hohl, oft feinflockig, ohne Ring, am Fuß knollig und von einer bräunlichen, häutigen Scheide umgeben. Fleisch weiß, geruchlos.

Vorkommen: In Laub- und Nadelwäldern, an feuchten Stellen, überall häufig; viele in Größe und Färbung unterschiedene Varianten.
Verwechslung: Mit mehreren ähnlichen Wulstlingen, vor allem mit den sehr giftigen Knollenblätterpilzen; deshalb stets auf den gerieften Hutrand und den ringlosen Stiel achten!
Verwendung: Eßbar. Jedoch wenig ergiebiger Mischpilz.

Riesenschirmling, Parasol

Wissenschaftlicher Name: *Macrolepiota procera* (Bild links)
Merkmale: Hut bis 30 cm breit, jung paukenschlegelförmig, später flach, schuppig. Lamellen weiß, dichtstehend. Stiel mit verschiebbarem Ring, darunter graubraun gebändert. Fleisch weiß, mit angenehmem Geruch.
Vorkommen: Laubwälder, Waldränder, Wiesen, häufig.
Verwechslung: Mit ungenießbaren Schirmlingen ohne verschiebbaren Ring.
Verwendung: Die Hüte, paniert gebraten, schmekken vorzüglich. Kann roh gegessen heftige Verdauungsstörungen hervorrufen.
Ähnliche Art: Safranschirmling (*Macrolepiota rhacodes;* Bild rechts). Unterscheidet sich vom Riesenschirmling durch glatten, nicht gebänderten Stiel sowie safranbraun anlaufendes Fleisch.
Vorkommen: Nadelwälder.
Verwendung: Eßbar. Wie Riesenschirmling.

Ziegelroter Rißpilz

Wissenschaftlicher Name:
Inocybe patouillardii
Merkmale: Hut bis 7 cm breit, jung kegelförmig bis glockig, beim Aufschirmen vom Rand her einreißend, hell strohfarben bis haselnußbraun, bei längerem Reiben und im Alter ziegelrot anlaufend. Lamellen jung weißgrau, später etwas rötlich, alt olivbraun, dichtstehend. Stiel weißlich, fein längsgestreift, bei Druck langsam rötend. Fleisch weiß, langsam rötend, mit süßlichem Geruch.
Vorkommen: Im Frühjahr in Parkanlagen, seltener in Laubwäldern.
Verwechslung: Mit dem zur selben Zeit an ähnlichen Stellen wachsenden eßbaren Mairitterling; außerdem mit vielen ähnlichen, meist kleineren Rißpilzen, unter denen jedoch keine Speisepilze sind.
Wichtig: Stark giftig! Enthält das den Blutkreislauf lähmende Pilzgift Muscarin.

Mairitterling

Wissenschaftlicher Name: *Calocybe gambosa*
Merkmale: Hut bis 10 cm breit, anfangs halbkugelig, später konvex oder flach, blaß cremeocker, nicht schmierig. Lamellen weiß, dichtstehend. Stiel wie der Hut gefärbt. Fleisch weiß, mit starkem Mehlgeruch, milder Geschmack.
Vorkommen: Im Mai und Juni in Reihen und Kreisen, den »Hexenringen«, auf Wiesen, an Waldrändern und grasigen Stellen.
Verwechslung: Mit dem zur selben Zeit an den gleichen Stellen wachsenden sehr giftigen Ziegelroten Rißpilz; auch mit den – allerdings viel später im Jahr erscheinenden – ungenießbaren Fälblingen, die aber einen schmierigen Hut und graubraune Lamellen besitzen.
Verwendung: Eßbar. Gilt trotz seines aufdringlichen Mehlgeschmacks in manchen Gegenden als guter Speisepilz; eignet sich zum Braten und Dünsten.

Tigerritterling

Wissenschaftlicher Name: *Tricholoma pardinum* (Bilder oben)
Merkmale: Hut bis 12 cm breit, hellgrau, grobschuppig. Lamellen weiß, ziemlich dick und entfernt stehend, um den Stiel ausgebuchtet. Stiel dick, weiß, oben mit Wassertropfen besetzt. Fleisch mit Mehlgeruch.
Vorkommen: Gruppenweise, Nadel- und Mischwälder.
Verwechslung: Mit dem eßbaren Mäusegrauen Erdritterling und einigen kleineren schwach giftigen Ritterlingen.
Wichtig: Giftig! Ruft heftige Magen- und Darmbeschwerden hervor.
Ähnliche Art: Mäusegrauer Erdritterling (*Tricholoma terreum;* Bild unten). Unterscheidet sich vom Tigerritterling durch dunkleren, faserigen Hut und das Fehlen von Tropfen am Stiel.
Vorkommen: In Laub- und Nadelwäldern.
Verwendung: Eßbar. Jedoch geringwertiger Mischpilz.

Violetter Rötelritterling

Wissenschaftlicher Name: *Lepista nuda*
Merkmale: Hut bis 12 cm breit, jung halbkugelig, bald ausgebreitet mit eingerolltem Rand, kräftig blauviolett, alt nach Fleischlila verblassend. Lamellen hellviolett, dichtstehend und um den Stiel ausgebuchtet, niemals braun verfärbend. Stiel ziemlich kräftig, lila und meist längsfaserig. Fleisch lebhaft blaulila, alt verblassend, mit stark süßlichem Geruch.

Vorkommen: In Reihen und Kreisen in Laub- und Nadelwäldern, überall häufig.
Verwechslung: Mit anderen, blasser gefärbten eßbaren Rötelritterlingen.
Verwendung: Eßbar. Ergiebiger Pilz für Gemüse, besitzt einen eigentümlich süßlichen Geschmack; weder zum Trocknen noch als Mischpilz zu empfehlen.

Weißer Gifttrichterling

Wissenschaftlicher Name: *Clitocybe dealbata*
Merkmale: Hut bis 4 cm breit, jung flach mit eingerolltem Rand, später trichterförmig und bald unregelmäßig verbogen, weiß, firnisartig bereift, alt auch mit schmutzig ledergrauen Tönen. Lamellen weiß, dichtstehend, am Stiel gerade angewachsen oder etwas herablaufend. Stiel schlank, oft verbogen, weißlich, etwas bräunend, an der Spitze fein bereift. Fleisch weiß, mit angenehmem Mehlgeruch.
Vorkommen: In Gruppen neben Wegen zwischen Gras, auch außerhalb von Wäldern, gelegentlich auch in Gärten, nicht selten.
Verwechslung: Mit mehreren ebenfalls weißhütigen Blätterpilzen, unter denen sich weitere giftige befinden.
Wichtig: Stark giftig! Enthält das Pilzgift Muscarin in hoher Dosierung; kann schwere Vergiftungen auslösen.

Mönchskopf, Riesentrichterling

Wissenschaftlicher Name: *Clitocybe geotropa*
Merkmale: Hut bis über 20 cm breit, meist trichterförmig mit eingerolltem Rand und kleinem Buckel, hell lederfarben. Lamellen weiß oder cremefarben, ziemlich dicht stehend und am Stiel herablaufend. Stiel lang und schlank, wie der Hut gefärbt, mitunter am Grund etwas verdickt, etwas längsfaserig. Fleisch cremefarben, mit aufdringlich süßlichem Geruch.

Vorkommen: In Reihen und Kreisen an feuchten Stellen in Laub- und Nadelwald.
Verwechslung: Mit ähnlichen, etwas kleineren ungenießbaren Trichterlingen, unter denen keine gefährlichen Giftpilze sind.
Verwendung: Eßbar. Mittelmäßiger Speisepilz; seines aufdringlichen Geschmacks wegen nicht mit anderen Pilzen mischen.

Riesenrötling

Wissenschaftlicher Name: *Entoloma sinuatum*
Merkmale: Hut bis 20 cm breit, jung konvex, bald breit gewölbt und stumpf gebuckelt, hellgrau und etwas seidig glänzend, seltener elfenbeinfarben. Lamellen blaßcreme, bald rosa, dichtstehend, um den Stiel ausgebuchtet oder gerade angewachsen. Stiel ziemlich lang und kräftig, weißgrau, fein längsgestreift. Fleisch weiß, mit angenehmem Mehlgeruch.
Vorkommen: In Reihen und Kreisen in Laubwäldern, weit verbreitet.
Verwechslung: Mit der an ähnlichen Stellen wachsenden eßbaren Graukappe, die sich durch herablaufende Lamellen und einen säuerlichen Geruch unterscheidet.
Wichtig: Giftig! Löst bald nach dem Verzehr heftige, tagelang anhaltende Verdauungsstörungen aus.

Graukappe, Herbstblattl

Wissenschaftlicher Name: *Lepista nebularis*
Merkmale: Hut bis 15 cm breit, halbkugelig bis konvex, alt auch flach, grau oder graubraun. Lamellen weiß oder cremefarben, dichtstehend, leicht vom Hutfleisch ablösbar. Stiel weißgrau, derbkeulig. Fleisch weiß, mit stark säuerlichem Geruch.
Vorkommen: In Laub- und Nadelwäldern.
Verwechslung: Mit dem giftigen Riesenrötling und ähnlichen ungenießbaren Trichterlingen, von denen aber keiner den stark säuerlichen Geruch der Graukappe besitzt.
Verwendung: Eßbar. Ergiebiger Speisepilz mit kräftigem, nicht jedermann zusagendem Eigengeschmack; zum Braten und Dünsten geeignet. Kann Magen-Darmbeschwerden auslösen, vor allem, wenn nur junge oder nur sehr alte Fruchtkörper verwendet werden.

Gesäumter Häubling

Wissenschaftlicher Name: *Galerina marginata*
Merkmale: Hut bis 4 cm breit, konvex bis flach, honigbraun und bei Trokkenheit ausblassend. Lamellen hell rostbraun, dichtstehend. Stiel lang und schlank, bräunlich, mit einem oft undeutlichen häutigen Ring, darunter hellflockig, vom Fuß her schwarzbraun werdend. Fleisch bräunlich, milder Geschmack, mit Mehlgeruch.
Vorkommen: In dichtwachsenden Gruppen an Nadelholz, gelegentlich an Laubholz.
Verwechslung: Mit dem eßbaren Stockschwämmchen, das sich mitunter nur durch das Fehlen des Mehlgeruchs sicher unterscheiden läßt. Es gibt noch mehrere ähnliche, kleinere Häublingsarten, die ebenfalls sehr giftig sind.
Wichtig: Tödlich giftig! Enthält in lebensgefährlicher Menge das Knollenblätterpilzgift Amanitin.

Stockschwämmchen

Wissenschaftlicher Name: *Kuehneromyces mutabilis*
Merkmale: Hut bis 5 cm breit, jung konvex mit eingerolltem Rand, dann breit gewölbt und schwach gebuckelt, honigbraun, vom Scheitel her ausblassend. Lamellen jung weißlich, bald hell zimtbraun. Stiel lang und verbogen, hohl, gelbbraun, nach unten dunkler werdend, unterhalb des Rings braunschuppig. Fleisch bräunlich, geruchlos.
Vorkommen: Von Mai an büschelig an Laubholz, seltener auch an Nadelholz, häufig.
Verwechslung: Mit dem tödlich giftigen Gesäumten Häubling und anderen büschelig an Holz wachsenden ungenießbaren Pilzarten. Darf nur von Sammlern verwendet werden, die seinen giftigen Doppelgänger genau kennen!
Verwendung: Eßbar. Ausgezeichnet im Geschmack, die Hüte eignen sich gut für Suppen und Soßen.

Reifpilz, Zigeuner

Wissenschaftlicher Name:
Rozites caperata
Merkmale: Hut bis 10 cm breit, jung kugelig, bald ausgebreitet und meist mit stumpfem Buckel, anfangs von einem bläulichen Reif überzogen, darunter hell honigbraun. Lamellen hell milchkaffeebraun, oft runzelig verbogen, um den Stiel ausgebuchtet. Stiel weißlich, mit einem schmalen, häutigen Ring. Fleisch hell bräunlich, faserig, geruchlos, milder Geschmack.

Vorkommen: Meist gruppenweise in Nadelwäldern, vor allem zusammen mit Heidelbeeren.
Verwechslung: Mit mehreren ähnlichen ungenießbaren Schleierlingen, von denen keiner einen Ring besitzt. Sollte allerdings nur von Kennern gesammelt werden!
Verwendung: Eßbar. Einer der wohlschmeckendsten und ergiebigsten Speisepilze, für alle Zubereitungsarten.

Semmelgelber Schleimkopf

Wissenschaftlicher Name: *Cortinarius varius* (Bild oben)
Merkmale: Hut bis 8 cm breit, konvex bis flach, ockergelb bis ziegelorange, stark schleimig. Lamellen jung blaulila, alt rostbraun. Stiel weiß, mit derbkeuligem Fuß. Fleisch weiß, mild im Geschmack.
Vorkommen: In Bergnadelwäldern häufig.
Verwechslung: Mit ähnlich gefärbten Schleimköpfen; unter den Arten mit blauen Lamellen sind keine Giftpilze.
Verwendung: Eßbar. Guter Speisepilz; vor der Zubereitung Hutschleim entfernen.
Ähnliche Art: Schöngelber Klumpfuß (*Cortinarius splendens;* Bild unten). Unterscheidet sich durch lebhaft gelbe Farben auf Hut, Stiel und Lamellen, Stielfuß mit gerandeter Knolle.
Vorkommen: Unter Buchen.
Wichtig: Stark giftig! Soll das gefährliche Pilzgift Orellanin enthalten.

Hallimasch

Wissenschaftlicher Name: *Armillariella mellea* (Bilder oben)
Merkmale: Hut bis 10 cm breit, konvex, honigbraun, schuppig, Lamellen cremefarben, am Stiel herablaufend. Stiel bräunlich, beringt, darunter schuppig, Fleisch weiß, bräunend.
Vorkommen: Büschelig an Nadel- und Laubholz.
Verwendung: Eßbar. Gemüsepilz mit besonderem Geschmack; mindestens 15 Minuten garen.

Ähnliche Art: Samtfußrübling, Winterrübling (*Flammulina velutipes;* Bilder unten). Unterscheidet sich durch kleineren, nichtschuppigen Hut und unberingten, braunsamtigen Stiel.
Vorkommen: Im Winter büschelig an Laub- und Nadelholz.
Verwendung: Eßbar. Die Hüte zu wohlschmeckenden Gerichten.

Spitzbuckliger Rauhkopf

Wissenschaftlicher Name: *Cortinarius speciosissimus*
Merkmale: Hut bis 6 cm breit, kegelig und fast immer mit spitzem Buckel, lebhaft orange- bis fuchsbraun und feinschuppig. Lamellen rostbraun, dick und entfernt stehend. Stiel lang und schlank, orangebraune Grundfarbe mit gelblichen Fasern und Flocken und meist tief im Moos steckend. Fleisch lebhaft orangebraun, mit schwach erdartigem Geruch.

Vorkommen: In feuchten Nadelwäldern, im Alpen- und Voralpengebiet häufig.
Verwechslung: Mit mehreren ähnlich gefärbten Rauhköpfen, vor allem mit dem sehr giftigen, seltenen Orangefuchsigen Rauhkopf, der sich durch kaum gebuckelten Hut, hellere Stielfarbe und sein Wachstum im Laub-Mischwald unterscheidet.
Wichtig: Tödlich giftig! Enthält das nierenschädigende Gift Orellanin.

Rauchblättriger Schwefelkopf

Wissenschaftlicher Name: *Hypholoma capnoides* (Bilder oben)
Merkmale: Hut bis 6 cm breit, gelb, am Scheitel orangefarben. Lamellen jung weiß, später hellgrau. Stiel gelbbraun, zäh. Fleisch mild.
Vorkommen: Fast das ganze Jahr an totem Nadelholz.
Verwechslung: Mit ähnlichen ungenießbaren Schwefelköpfen, die aber alle keine grauen Lamellen besitzen.
Verwendung: Die Hüte zu schmackhaften Suppen und Soßen; die zähen Stiele sind ungenießbar.
Ähnliche Art: Grünblättriger Schwefelkopf (*Hypholoma fasciculare;* Bilder unten). Unterscheidet sich durch gelbe, bald grünliche Lamellen, lebhaft orangegelben Hut.
Vorkommen: Meist an Laubholzstümpfen.
Hinweis: Wegen seines bitter schmeckenden Fleisches ungenießbar.

Spindelfüßiger Fälbling

Wissenschaftlicher Name: *Hebeloma edurum* (Bild oben)
Merkmale: Hut bis 8 cm breit, konvex, ton- bis ockerfarben, schmierig, Rand gekerbt. Lamellen graubraun, dichtstehend. Stiel mit keuligem Fuß, weißflockig. Fleisch weiß, mit Kakaogeruch.
Vorkommen: In Nadelwäldern, oft in Gruppen.
Verwechslung: Mit vielen ähnlich gefärbten ungenießbaren Fälblingen.
Hinweis: Ungenießbar. Kann Verdauungsstörungen auslösen.
Ähnliche Art: Großer Rettichfälbling (*Hebeloma sinapizans;* Bild unten). Unterscheidet sich durch etwas dunkleren, größeren Hut und Rettichgeruch.
Vorkommen: Gruppenweise in Buchenwäldern.
Hinweis: Ungenießbar. Ruft Verdauungsstörungen hervor.

Schopftintling

Wissenschaftlicher Name: *Coprinus comatus*
Merkmale: Hut bis 5 cm breit und 8 cm hoch, schlank paukenschlegelförmig, weißschuppig mit hellbraunem Scheitel, bald von dem sich einrollenden Rand her schwarz werdend und zerfließend. Lamellen weiß, bald vom Rand her purpurbraun, dann rasch schwarz werdend und zerfließend. Stiel ziemlich schlank und fest, am Fuß etwas knollig, weiß, mit tief ansitzendem Ring, hohl. Fleisch weiß, mit angenehmem Geruch, mild im Geschmack.
Vorkommen: In Gruppen auf gedüngten Wiesen, an Schuttplätzen, Wegrändern, im Wald nur an Straßenrändern, häufig.
Verwechslung: Unverwechselbar.
Verwendung: Eßbar. Im Jugendstadium ausgezeichneter Speisepilz; Verzehr jedoch sofort nach dem Sammeln; nicht zum Trocknen geeignet.

Faltentintling

Wissenschaftlicher Name: *Coprinus atramentarius*
Merkmale: Hut bis 7 cm breit und ebenso hoch, zunächst eiförmig, bald kegelig, silbergrau und fein längsgestreift, jung am Scheitel flockig bereift. Lamellen weißgrau, später schwarzgrau werdend. Stiel lang und schlank, weiß, am Grund scheidenartig beringt. Fleisch weißgrau, mit angenehmem Geruch und Geschmack.
Vorkommen: Büschelig an Straßenrändern, auf gedüngten Wiesen und in Gärten, häufig.
Verwechslung: Allenfalls mit ähnlichen Tintlingen, unter denen sich aber keine gefährlichen Giftpilze befinden.
Wichtig: Eßbar. Führt jedoch in Verbindung mit gleichzeitig genossenem Alkohol zu schweren Vergiftungen! Bis zu 2 Tagen nach der Mahlzeit darf nicht die kleinste Menge Alkohol konsumiert werden!

Frauentäubling, Blautäubling

Wissenschaftlicher Name: *Russula cyanoxantha*
Merkmale: Hut bis 12 cm breit, konvex bis flach, oft auch etwas trichterförmig vertieft, dunkel blauviolett, stahlblau oder grünlich, Farbe stark wechselnd. Lamellen weiß, dichtstehend, beim Darüberstreichen verklebend, nicht brechend. Stiel ziemlich kurz, fest, weiß, selten leicht bläulich. Fleisch weiß, brüchig, geruchlos, schmeckt nußartig mild.

Vorkommen: Ab Juni vorwiegend in Laub- und Mischwäldern, häufig.
Verwechslung: Mit vielen ähnlich gefärbten Täublingen. In Zweifelsfällen hilft eine Geschmacksprobe des rohen Fleisches – scharf schmeckende, auch unangenehm riechende Täublinge sind ungenießbar.
Verwendung: Eßbar. Einer der wohlschmeckendsten Täublinge, eignet sich für alle Gerichte, aber nicht zum Trocknen.

Speisetäubling

Wissenschaftlicher Name: *Russula vesca* (Bilder oben)
Merkmale: Hut bis 8 cm breit, flach oder trichterförmig, Randzone nie gerieft, aber meist durch die zu kurze Oberhaut etwa 2 mm breit weiß gefärbt, schmutzig fleischlila. Lamellen weiß, dünn und dichtstehend, am Hutrand überstehend. Stiel weiß, alt oft mit Rostflecken. Fleisch weiß, brüchig, milder Geschmack.
Vorkommen: Laub- und Nadelwälder, häufig.

Verwechslung: Mit mehreren ähnlichen Täublingen, von denen die mild schmeckenden Arten eßbar sind.
Verwendung: Eßbar. Zum Braten und Dünsten.
Ähnliche Art: Goldtäubling (*Russula aurata;* Bilder unten). Unterscheidet sich durch kirschroten, oft nach gelb verfärbenden Hut und goldgelbe Lamellen.
Vorkommen: In Laub- und Nadelwäldern.
Verwendung: Eßbar. Wie Speisetäubling.

Buchen-Speitäubling

Wissenschaftlicher Name: *Russula mairei* (Bild oben)
Merkmale: Hut bis 6 cm breit, konvex, flach oder etwas trichterförmig, mit leuchtend kirschroter, in Flecken verblassender, etwas glänzender Haut. Lamellen weiß, dichtstehend und beim Darüberstreichen zersplitternd. Stiel weiß, gebrechlich, nicht fasernd. Fleisch weiß, mit obstartigem Geruch, sehr scharf im Geschmack.
Vorkommen: In Laubwäldern; rosa-, violettfarbene oder rote Varianten auch im Nadelwald.
Verwechslung: Mit mehreren rothütigen Täublingen, die scharf schmecken und deshalb ungenießbar sind.
Wichtig: Giftig! Löst Verdauungsstörungen aus.
Ähnliche Art: Birken-Speitäubling (*Russula betularum;* Bild unten). Unterscheidet sich vom Buchen-Speitäubling durch hell rosafarbenen Hut und Vorkommen nur unter Birken.
Wichtig: Giftig!

Ockertäubling

Wissenschaftlicher Name: *Russula ochroleuca* (Bild oben)
Merkmale: Hut bis 10 cm breit, konvex, flach oder trichterförmig, ockergelb bis schmutzigoliv, etwas glänzend. Lamellen weiß, leicht brechend. Stiel weiß oder gelblich, brüchig. Fleisch weiß, geruchlos, mild bis scharf im Geschmack.
Vorkommen: In Nadelwäldern, sehr häufig.
Verwechslung: Mit mehreren ocker- bis gelbbraun gefärbten Täublingen, die scharf schmeckenden sind ungenießbar.
Hinweis: Nicht als Speisepilz zu empfehlen.
Ähnliche Art: Gallentäubling (*Russula fellea;* Bild unten). Unterscheidet sich vom Ockertäubling durch mehr orangegelbe Hutfarbe, blaß cremefarbene Lamellen und Stiel und sehr scharfes, obstartig riechendes Fleisch.
Vorkommen: In Laub- und Mischwäldern, häufig.
Hinweis: Ungenießbar.

Rotbrauner Milchling

Wissenschaftlicher Name: *Lactarius rufus*
Merkmale: Hut bis 8 cm breit, anfangs flach, später oft trichterförmig und fast immer in der Mitte spitzgebuckelt, rotbraun und etwas bereift, nicht samtig. Lamellen hell rötlichbraun, kaum fleckend, dichtstehend und am Stiel herablaufend. Stiel wie der Hut gefärbt, ziemlich lang, gleich dick, alt hohl werdend. Fleisch blaß rotbraun, mit weißem, sehr scharfem Milchsaft.

Vorkommen: In Nadelwäldern zwischen Streu, auf Sand- und Lehmböden, häufig.
Verwechslung: Mit dem eßbaren Brätling; mit vielen ähnlich gefärbten, aber meist kleineren Milchlingen, von deren Verzehr auch dann abgeraten wird, wenn sie milden Milchsaft enthalten.
Hinweis: Ungenießbar. Kann nach Verzehr recht unangenehme Magen-Darm-beschwerden auslösen.

Brätling

Wissenschaftlicher Name: *Lactarius volemus*
Merkmale: Hut bis 12 cm breit, jung konvex, dann flach, orangebraun bis fuchsig, feinsamtig. Lamellen hell cremefarben, dichtstehend, bei Verletzung fleckend. Stiel ziemlich kräftig, wie der Hut gefärbt. Fleisch weiß, mit reichlichem, weißem, mildem Milchsaft und fischartig tranigem Geruch.
Vorkommen: Vorwiegend im Nadelwald, recht häufig.
Verwechslung: Mit mehreren ähnlich gefärbten ungenießbaren Milchlingen, die jedoch nicht nach Fisch riechen und meist einen scharfen Milchsaft enthalten. Deshalb immer auf den Fischgeruch achten!
Verwendung: Eßbar. Eignet sich nur zum Braten; wird trotz seines etwas aufdringlich süßlichen Geschmacks in manchen Gegenden sehr geschätzt.

Fichtenreizker

Wissenschaftlicher Name: *Lactarius deterrimus* (Bild oben)
Merkmale: Hut bis 10 cm breit, flach bis trichterförmig, orange, oft kreisförmig gezont, alt auch grünlich. Lamellen orange. Stiel wie der Hut gefärbt. Fleisch orange, mit orangefarbenem, langsam weinrot verfärbendem, mildem Milchsaft.
Vorkommen: Unter Fichten, häufigster Reizker Mitteleuropas.

Verwechslung: Mit ähnlichen orangemilchenden, eßbaren Reizkerarten.
Verwendung: Eßbar. Vor allem gut zu braten.
Ähnliche Art: Birkenreizker (*Lactarius torminosus;* Bilder unten). Unterscheidet sich durch mehr orangerosa getönten, am Rand stark fransigen Hut und weißen, sehr scharfen Milchsaft.
Vorkommen: Nur bei Birken.
Hinweis: Ungenießbar. Kann Verdauungsstörungen auslösen.

Pfeffermilchling

Wissenschaftlicher Name: *Lactarius piperatus*
Merkmale: Hut bis 12 cm breit, jung flach, mit eingerolltem Rand, bald trichterförmig, weiß, später in Flekken bräunend. Lamellen cremeweiß, sehr dicht stehend. Stiel ziemlich kurz, festfleischig, weiß. Fleisch weiß, mit weißem, sehr scharfem Milchsaft, der sich beim Eintrocknen graugrün verfärbt.
Vorkommen: In Laubwäldern, ziemlich häufig.

Verwechslung: Mit ähnlichen, ebenfalls sehr scharfen Milchlingen oder weißhütigen Täublingen, unter denen weder Speisepilze noch gefährliche Giftpilze sind.
Hinweis: Ungenießbar. Löst bei üblicher Zubereitung Verdauungsbeschwerden aus; läßt sich aber durch spezielle Behandlung wie das Einlegen in Salzwasser eßbar machen.

Habichtspilz

Wissenschaftlicher Name: *Sarcodon imbricatum*
Merkmale: Hut bis 15 cm breit, unregelmäßig gewölbt, alt mit trichterförmig vertiefter Mitte, grauschwarz und grobschuppig, auf der Unterseite mit anfangs weißen, später hell graubräunlichen Stacheln. Stiel schmutzig weißgrau, sehr kurz und fest, oft in den Hut übergehend. Fleisch blaßbräunlich, sehr fest, mit würzigem Geruch, scharfer bis bitterer Geschmack.

Vorkommen: Gruppenweise in Nadelwäldern, seltener im Laubwald, häufig.
Verwechslung: Unverwechselbar, wenn man auf den schuppigen Hut und die Stacheln auf der Hutunterseite achtet.
Verwendung: Eßbar. Nur getrocknet als Pulver (ausgezeichnete Würze), kann auch in Essig eingelegt werden.

Semmelstoppelpilz

Wissenschaftlicher Name: *Hydnum repandum*
Merkmale: Hut bis 6 cm breit, konvex, dickfleischig, meist stark unregelmäßig verbogen mit jung eingerolltem Rand, höckerig, hell semmelocker bis orangegelb, auf der Unterseite mit weißen, später cremefarbenen, etwas am Stiel herablaufenden, zuspitzenden Stacheln. Stiel kurz und gedrungen, oft seitlich ansitzend, weiß, festfleischig. Fleisch weiß oder blaßgelb, geruchlos, jung mild, alt oft bitter im Geschmack.
Vorkommen: Gruppenweise in Laub- und Nadelwäldern, ziemlich häufig.
Verwechslung: Unverwechselbar, wenn man auf die Stacheln auf der Hutunterseite achtet.
Verwendung: Eßbar. Nur junge Fruchtkörper eignen sich für Gemüse und zum Braten, ältere Pilze schmekken bitter.

Pfifferling, Reherl

Wissenschaftlicher Name: *Cantharellus cibarius*
Merkmale: Hut bis 5 cm breit, bald unregelmäßig trichterförmig, gelb, dickfleischig. Leisten gelb, runzelig, gabelig verzweigt. Stiel gelb, am Fuß meist zugespitzt, oben in den Hut übergehend. Fleisch weiß, mit ziemlich scharfem, pfefferartigem Geschmack und angenehmem Geruch.
Vorkommen: Gruppenweise in Nadelwäldern, vor allem im Gebirge; hellere Formen auch im Laubwald; im Tiefland seltener und vermutlich durch übermäßiges Sammeln zurückgehend.
Verwechslung: Mit dem als unschädlich geltenden Falschen Pfifferling, nicht mit gefährlichen Giftpilzen.
Verwendung: Eßbar. Eignet sich für alle Zubereitungsarten, weniger zum Trocknen; sehr schwer verdaulich; wird fast überall sehr geschätzt.

Trompetenpfifferling

Wissenschaftlicher Name: *Cantharellus tubaeformis* (Bilder oben)
Merkmale: Hut bis 5 cm breit, trompetenförmig, graubraun, feinschuppig. Leisten gelb bis grau, gabelig verzweigt. Stiel graugelb, in den Hut übergehend. Fleisch bräunlich, mild im Geschmack.
Vorkommen: Gruppenweise in Nadelwäldern.
Verwechslung: Mit ähnlichen, ebenfalls eßbaren Pfifferlingen.
Verwendung: Eßbar. Für Suppen und Gemüse; auch als Würzpilz.
Ähnliche Art: Totentrompete (*Craterellus cornucopioides;* Bild unten). Unterscheidet sich durch dunkelbraungraue, feucht schwarze Fruchtkörper und graue, glatte oder runzelige Außenfläche.
Vorkommen: In Buchenwäldern.
Verwendung: Eßbar. Getrocknet und zerrieben als Würzpilz zu empfehlen.

Flaschenstäubling

Wissenschaftlicher Name: *Lycoperdon perlatum* (Bild oben)
Merkmale: Fruchtkörper bis 3 cm breit und 5 cm hoch, verkehrt flaschenförmig, mit weißer, später graubrauner, grobwarziger Außenseite; innen jung weiß, später olivgelb mit einer Öffnung an der Spitze, durch die das Sporenpulver austritt.
Vorkommen: In Nadelwäldern, auf dem Waldboden, häufig.
Verwechslung: Mit ähnlichen Stäublingen, die jung eßbar, aber nicht wohlschmeckend sind.
Verwendung: Eßbar. Nur jung zum Braten.
Ähnliche Art: Kartoffelbovist (*Scleroderma aurantium;* Bild unten). Unterscheidet sich durch gelbbraune, harte, felderige Außenhaut und von Anfang an purpurgrau gefärbten Inhalt.
Vorkommen: In Nadelwäldern und Mooren.
Wichtig: Giftig! Löst Verdauungsstörungen aus.

Dreifarbige Koralle

Wissenschaftlicher Name: *Ramaria formosa* (Bilder oben)
Merkmale: Strunk bis 12 cm breit, korallenartig verzweigt, am Grund weißlich, Äste jung satt ockergelb, später blaßocker, Zweigenden jung sattgelb. Fleisch weiß, etwas rötend.
Vorkommen: Gruppenweise in Laub- und Mischwäldern, ziemlich häufig.
Verwechslung: Mit vielen ähnlich gefärbten, ungenießbaren Korallenarten.
Wichtig: Giftig! Löst Magen-Darmbeschwerden aus.
Ähnliche Art: Goldgelbe Koralle (*Ramaria aurea;* Bild unten). Unterscheidet sich nur durch lebhafter gelb gefärbten Strunk.
Vorkommen: In Laub- und Nadelwäldern.
Verwendung: Eßbar. Geringwertig; wegen der Verwechslungsgefahr wird vom Verzehr abgeraten.

Frühlorchel

Wissenschaftlicher Name: *Gyromitra esculenta*
Merkmale: Hutteil bis 8 cm breit und hoch, hirnartig bis lappig gefaltet, dunkel rot- bis ockerbraun. Stielteil weiß, unregelmäßig verbogen. Fleisch weiß, ziemlich brüchig, mit angenehmem Geruch.
Vorkommen: Im April und Mai in sandigen Kiefernwäldern, gebietsweise recht verbreitet.
Verwechslung: Mit der in Bergwäldern wachsenden, weit größeren Riesenlorchel, die ebenfalls nicht gegessen werden sollte; weniger mit eßbaren Morcheln, die sich durch einen gekammerten Hut unterscheiden.
Wichtig: Tödlich giftig! Enthält den Giftstoff Gyromitrin, der ähnlich wirkt wie die Knollenblätterpilzgifte; der Verzehr führt immer wieder zu tödlichen Vergiftungen. Das Gift ist kochbeständig. Die Frühlorchel sollte deshalb auch nach Abbrühen nicht gegessen werden.

Speisemorchel

Wissenschaftlicher Name: *Morchella esculenta* (Bild oben)
Merkmale: Hutteil bis 6 cm breit und hoch, rundlich oder kegelförmig, ockergelb oder graubraun, unregelmäßig gerippt, Stiel weiß, flockig, hohl. Fleisch weiß, geruchlos, mild im Geschmack.
Vorkommen: Im Frühjahr in Parkanlagen, Laubwäldern und Gärten, häufig.
Verwechslung: Mit der sehr giftigen Frühlorchel.

Verwendung: Eßbar. Für alle Zubereitungsarten und zum Trocknen geeignet.
Ähnliche Art: Spitzmorchel (*Morchella conica;* Bilder unten). Unterscheidet sich durch meist spitzkegeligen und dunkel graubraunen Hutteil mit senkrecht durchlaufenden Rippen. Stiel weiß bis blaßocker.
Vorkommen: In Laub- und Nadelwäldern an Waldwegen und Rindenhaufen.
Verwendung: Eßbar. Wie Speisemorchel.

Richtiger Umgang mit Pilzen

Sammeltips

Zur Ausrüstung des Sammlers gehören ein Messer und ein fester Korb; in Plastiktüten verderben Pilze sehr rasch. Drehen Sie den Pilz vorsichtig aus dem Boden und verschließen die Bodenöffnung, oder schneiden Sie den Pilz unmittelbar über dem Boden ab. Putzen Sie die Pilze an Ort und Stelle, nehmen Sie nur gesunde, feste Fruchtkörper mit.

Zubereitungstips

Frische, gereinigte Pilze können Sie bis zu 24 Stunden im Kühlschrank aufbewahren. Essen Sie Pilze keinesfalls roh! Alle Speisepilze müssen mindestens 15 Minuten lang gekocht, gedünstet oder gebraten werden. Pilze sind kalorienarm, vorausgesetzt, man bereitet sie mit wenig Fett zu. Bewahren Sie Pilzgerichte nur im Kühlschrank auf, aber nicht länger als 24 Stunden; sind sie in Geruch oder Geschmack auch nur leicht verändert, dürfen sie nicht mehr gegessen werden. Das Einfrieren ist nicht zu empfehlen.

Pilze haltbar machen

In guten Pilzjahren können Sie Ihr Sammelgut frisch einfrieren oder trocknen.
Pilze einfrieren: Gereinigte Pilze in dünne Scheiben schneiden, portionsweise in Gefrierbeutel verpacken, bei stärkster Kühlleistung einfrieren. Vorheriges Abbrühen (Blanchieren) ist ungünstig, es nimmt Pilzen viel vom Aroma und verlängert die Haltbarkeit (ca. 6 Monate) kaum.
Pilze trocknen: Gereinigte Pilze in dünne Scheiben schneiden; auf einem Tuch auslegen und entweder im Backofen bei 40 Grad und spaltbreit geöffneter Tür etwa 24 Stunden oder an einem warmen Platz einige Tage lang trocknen. Zwischendurch die Pilzstücke umdrehen, damit sie nicht festkleben.

Giftpilze – Pilzgifte

Es gibt nur eine Möglichkeit, sich vor Pilzvergiftungen zu schützen: Man muß die Giftpilze genau kennen! Dennoch sind immer noch allerlei lebensgefährliche Praktiken im Umlauf, wie Giftpilze in einer Pilzmahlzeit zu erkennen seien. Zu Ihrer Sicherheit sei noch einmal gesagt: Weder die Verfärbung einer mitgekochten Zwiebel noch das Anlaufen eines Silberlöffels im Pilzgericht sind sichere Zeichen und schützen vor einer Pilzvergiftung! Auch die Leicht-

gläubigkeit, man könne Giftpilze an Farbe, Geruch oder Geschmack erkennen, haben schon viele Menschen mit dem Leben bezahlen müssen. Gerade die gefährlichsten Giftpilze riechen und schmecken angenehm. Ihr Äußeres ist eher ansprechend.
Die meisten Giftpilze lösen 15 Minuten bis 12 Stunden nach dem Verzehr Magenbeschwerden mit Durchfällen aus; die gefährlichsten wirken am langsamsten. Treten nach einem Pilzessen Beschwerden auf, sollten Erwachsene unverzüglich lauwarmes Salzwasser trinken (1–2 Eßlöffel Salz in 1 Trinkglas warmem Wasser auflösen), um den Magen mittels Erbrechen zu entleeren. Bei Kindern löst man durch Reizung des Rachens mit dem Finger Erbrechen aus. Sofort danach muß ein Arzt aufgesucht werden; Putzreste oder Reste des Pilzgerichts, zur Untersuchung mitgenommen, können wichtige Hinweise zur Diagnose geben.

Radioaktivität in Pilzen
In Gegenden, in denen seit dem Reaktorunglück von Tschernobyl die Böden stärker radioaktiv belastet sind, können Pilze beträchtliche Mengen an radioaktivem Cäsium enthalten. Zurückhaltung ist vor allem bei Maronenröhrling, Reifpilz und Birkenpilz geboten. Auch die übrigen Speisepilze, besonders Milchlinge und Täublinge, sollten nicht zu häufig verzehrt werden. Ziemlich gering belastet sind Schopftintlinge, Riesenschirmlinge, Rotkappen und Steinpilze.

Naturschutz – auch bei der Pilzsuche
Der Wald ist der Lebensraum vieler Pflanzen und Tiere; dieses Ökosystem, dessen Funktion durch Umwelteinflüsse bereits empfindlich gestört ist, gilt es zu schützen. Dazu können Sie auf der Pilzwanderung beitragen:

- Schonen Sie die Bodendecke. Verschließen Sie die durch das Herausdrehen der Pilze im Boden entstandene Öffnung wieder, damit das Pilzgeflecht nicht austrocknet.
- Nehmen Sie nur Pilze mit, die Sie als Speisepilze sicher bestimmt haben und verwerten können.
- Lassen Sie unbekannte und giftige Pilze stehen! Zertreten oder zerschlagen Sie Pilze niemals mutwillig.
- Beunruhigen Sie die Waldtiere nicht durch lautes Rufen oder Durchstreifen von Dickichten und jungen Schonungen.

Gebrauchsanleitung

Im vorliegenden *GU Kompaß Pilze* wird eine Auswahl der häufigsten und wichtigsten Pilzarten vorgestellt. Naturfarbfotos zeigen alle für das Erkennen der abgebildeten Pilze wichtigen Merkmale. Leicht verständliche, kurze Beschreibungstexte informieren genau über Aussehen, Erscheinungszeit, Standort sowie Genießbarkeit und machen das Erkennen und Unterscheiden auch für den botanisch Ungeübten leicht. Hut- und Stielformen sind auf der Umschlagseite 2 abgebildet. Über den »Richtigen Umgang mit Pilzen« informiert Sie eine kurze Zusammenfassung auf den Seiten 60/61.

Bedeutung der farbigen Kennstreifen
Um gleich auf den ersten Blick zu erkennen, welche Pilze eßbar, ungenießbar oder giftig sind, wurden die Abbildungen mit einem farbigen Kennstreifen versehen.

eßbar

ungenießbar

giftig

Giftige, stark oder tödlich giftige Pilze tragen als zusätzliche Warnung den Stempel »giftig«, »stark giftig« oder »tödlich giftig«.

Erläuterung der Beschreibungstexte
Über dem Bild steht der in der Botanik übliche deutsche Name des Pilzes, manchmal auch ein ebenso gebräuchlicher Zweitname. Am Anfang des Steckbriefs finden Sie den **Wissenschaftlichen Namen.** Die **Merkmale** des Pilzes – wie Hut- und Stielform, Farbe und Geschmack – werden detailliert beschrieben. Unter **Vorkommen** ist angegeben, an welchem Standort der Pilz zu finden ist. Sehr wichtig ist das Stichwort **Verwechslung**. Hier sind sehr ähnlich aussehende Arten genannt, die aber z. B. gegenüber dem beschriebenen *eßbaren* Pilz *giftig* sind. Bei **Ähnlichen Arten**, die auf der gleichen Seite abgebildet sind, werden die wesentlichen Unterschiede kurz aufgeführt. Welchen Geschmack ein eßbarer Pilz hat und wie er am besten zubereitet wird, erläutert das Stichwort **Verwendung.** Unter dem Stichwort **Wichtig** ist vermerkt, ob es sich um einen Giftpilz handelt. Die Beschwerden, die der Genuß eines *ungenießbaren* Pilzes auslösen kann, werden unter **Hinweis** angeführt.

Pilze-Register

A*garicus abruptibulbus* 16
– *campester* 15
– *sylvaticus* 15
– *xanthoderma* 14
Amanita citrina 19
– *fulva* 24
– *muscaria* 20
– *pantherina* 22
– *phalloides* 18
– *rubescens* 23
– *spissa* 21
– *verna* 17
Anischampignon 16
Anisegerling 16, 17
Armillariella mellea 38

Birkenpilz 8
Birkenreizker 50
Birken-Speitäubling 46
Blautäubling 44
Boletus edulis 7
– *erythropus* 5
– *luridus* 5
– *satanas* 4
Brätling 48, 49
Buchen-Speitäubling 46
Butterpilz 10

C*alocybe gambosa* 27
Cantharellus cibarius 54
– *tubaeformis* 55
Clitocybe dealbata 30
– *geotropa* 31
Coprinus atramentarius 43
– *comatus* 42
Cortinarius speciosissimus 39
– *splendens* 37
– *varius* 37
Craterellus cornucopioides 55

Dreifarbige Koralle 57
Düsterer Röhrling 11

E*ntoloma sinuatum* 32
Erdritterling, Mäusegrauer 28
Espen-Rotkappe 9

Fälbling, Spindelfüßiger 41
Falscher Pfifferling 54
Faltentintling 43
Fichtenreizker 50
Flammulina velutipes 38
Flaschenstäubling 56
Fliegenpilz 20, 22
Flockenstieliger Hexenröhrling 5
Frauentäubling 44
Frühlorchel 58, 59

G*alerina marginata* 34
Gallenröhrling 2, 6, 7
Gallentäubling 47
Gelbfuß, Großer 12
Gesäumter Häubling 34, 35
Gifttrichterling, Weißer 30
Goldgelbe Koralle 57
Goldtäubling 45
Gomphidus glutinosus 12
Grauer Wulstling 21, 22
Graukappe 32, 33
Großer Gelbfuß 12
Großer Rettichfälbling 41
Grünblättriger Schwefelkopf 40
Grüner Knollenblätterpilz 18
Gyromitra esculenta 58

Habichtspilz 52
Hallimasch 38
Häubling, Gesäumter 34, 35
Hebeloma edurum 41
– *sinapizans* 41
Heide-Rotkappe 9
Herbstblattl 32, 33
Herrenpilz 7
Hexenröhrling, Flockenstieliger 5
–, Netzstieliger 5
Hydnum repandum 53
Hypholoma capnoides 40
– *fasciculare* 40

I*nocybe patouillardii* 26

Kahler Krempling 13
Karbolegerling 14, 16
Kartoffelbovist 56
Kegelhütiger Knollenblätterpilz 17
Klumpfuß, Schöngelber 37
Knollenblätterpilz, Grüner 18
–, Kegelhütiger 17
–, Zitronengelber 19
Koralle, Dreifarbige 57
–, Goldgelbe 57
Körnchenröhrling 10
Krempling, Kahler 13
Kuehneromyces mutabilis 35
Kuhmaul 12

L*actarius deterrimus* 50
– *piperatus* 51
– *rufus* 48
– *torminosus* 50
– *volemus* 49
Leccinum aurantiacum 9
– *scabrum* 8
– *testaceo-scabrum* 9
Lepista nebularis 33
– *nuda* 29
Lycoperdon perlatum 56

M*acrolepiota procera* 25
– *rhacodes* 25
Mairitterling 26, 27
Maronenröhrling 2, 3
Mäusegrauer Erdritterling 28
Milchling, Rotbrauner 48
Mönchskopf 31
Morchella conica 59
– *esculenta* 59

Netzstieliger Hexenröhrling 5

Ockertäubling 47
Orangefuchsiger Rauhkopf 39

Pantherpilz 21, 22, 23
Parasol 25
Paxillus involutus 13
Perlpilz 19, 21, 22, 23
Pfeffermilchling 51
Pfifferling 54
–, Falscher 54
Porphyrellus pseudoscaber 11

R*amaria aurea* 57
– *formosa* 57
Rauchblättriger Schwefelkopf 40
Rauhkopf, Orangefuchsiger 39
–, Spitzbuckliger 39
Reherl 54
Reifpilz 36
Rettichfälbling, Großer 41
Riesenlorchel 58
Riesenrötling 32, 33
Riesenschirmling 25
Riesentrichterling 31
Rißpilz, Ziegelroter 26, 27
Röhrling, Düsterer 11
Rotbrauner Milchling 48
Rotbrauner Scheidenstreifling 24

Rötelritterling, Violetter 29
Rotfußröhrling 3
Rozites caperata 36
Russula aurata 45
– *betularum* 46
– *cyanoxantha* 44
– *fellea* 47
– *mairei* 46
– *ochroleuca* 47
– *vesca* 45

Safranschirmling 25
Samtfußrübling 38
Sarcodon imbricatum 52
Satanspilz 4
Scheidenstreifling, Rotbrauner 24
Schleimkopf, Semmelgelber 37
Schmerling 10
Schöngelber Klumpfuß 37
Schopftintling 42
Schwefelkopf, Grünblättriger 40
–, Rauchblättriger 40
Scleroderma aurantium 56
Semmelgelber Schleimkopf 37
Semmelstoppelpilz 53
Speisemorchel 59
Speisetäubling 45
Spindelfüßiger Fälbling 41
Spitzbuckliger Rauhkopf 39
Spitzmorchel 59
Steinpilz 7
Stockschwämmchen 34, 35
Suillus granulatus 10
– *luteus* 10

Tigerritterling 28
Totentrompete 55
Tricholoma pardinum 28
– *terreum* 28
Trompetenpfifferling 55
Tylopilus felleus 6

Violetter Rötelritterling 29

Waldchampignon 15
Waldegerling 15
Weißer Gifttrichterling 30
Wiesenchampignon 15
Wiesenegerling 15
Winterrübling 38
Wulstling, Grauer 21, 22

***X**erocomus badius* 2
– *chrysenteron* 3

Ziegelroter Rißpilz 26, 27
Zigeuner 36
Zitronengelber Knollenblätterpilz 19

Der Autor:
Edmund Garnweidner, Vorsitzender des Vereins für Pilzkunde München, ist Autor des GU Naturführers »Pilze« und des GU Kompasses »Giftpilze«.

4. Auflage 1991

Redaktionsleitung: Hans Scherz
Redaktion und Herstellung: Ursula Kopp
Lektorat: Dieter Löbbert
Bildredaktion: Angelika Rieckenberg, Ursula Kopp
Zeichnungen: György Jankovics
Produktion: Helmut Giersberg
Einbandgestaltung: Heinz Kraxenberger
Satz: Filmsatz Schröter GmbH
Offsetreproduktion und Druck: Graphische Anstalt Wartelsteiner GmbH
Bindung: Ludwig Auer GmbH

Alle Fotos stammen vom Autor

ISBN 3-7742-2242-8